# Defi Con
# MAGIA NEGRA

## Max Ivanova

# Introducción

Querido lector, actualmente vivimos una crisis, pero no solo económica, sino una crisis espiritual, debido a esto lentamente se esparce sobre o la humanidad una energía oscura que paulatinamente convierte nuestro mundo en un ambiente hostil y pesado. Desafortunadamente los mas afectados somos nosotros mismos, ya que en este mundo materialista, la sociedad se encuentra en una constante competencia y no solo en el aspecto material, sino que también en el afectivo, así que hoy en día es inevitable no tener "enemigos". Una mirada, una palabra sin pensar, negar un favor, reclamar nuestros derechos, etc. Puede dar pie fácilmente a problemas e intrigas en contra de usted. Incluso si usted ayuda desinterasadamente, la gente suele ponerse en su contra, haciéndole sentir mal y reprochando que usted pudo haber hecho mas. Y es que nunca es suficiente, nos hacemos de enemigos a cada momento y lo peor es que muchas veces, sin darnos cuenta. Tomando en cuenta lo anterior es casi una obligación aprender a defendernos de los ataques mal intencionados de nuestros enemigos y que mejor que hacerlo de una manera sutil y discreta, pero a la vez poderosa y que mas poderosa que la antigua religión "La Magia". En este pequeño manual usted encontrara algunas formulas extraídas de grimorios antiguos las cuales le servirán para protegerse de trabajos de brujería, envidias, maldiciones, gente resentida, odio y energías negativas.

Este siempre un paso adelante y contraataque a sus enemigos, aprenda a defenderse! recuerde que no hay enemigo pequeño, trabaje desde otro plano, para que usted y sin ayuda de nadie, logre cambiar la realidad que tanto le afecta en estos momentos. Haga uso de estos ancestrales secretos y deshágase de sus enemigos eficazmente. Una vez dicho lo anterior, manos a la obra!

# Los Clavos Del Alejamiento

# Materiales

Un clavo oxidado

Una vela negra

Incienso de sándalo

Tiza blanca

# Operación

Un día Sábado por la noche, con ayuda de la tiza, trazara un circulo en el piso, tome todos los demás ingredientes y llévelos consigo, ya que entrara en el circulo y ya no podrá salir hasta terminar el ritual. Si usted ya se ha iniciado en la magia entonces sabrá el significado y la utilidad del circulo mágico, si no es así, entonces debe saber que este circulo le protegerá de de cualquier entidad maligna que le quiera dañar durante proceso del ritual.

Tome la vela y enciéndala, una vez hecho esto ahora encienda el incienso y deposítelo en el piso dentro del circulo, ahora tome el clavo con su mano izquierda y páselo por la llama de la vela, mientras visualiza a su enemigo tal y como usted lo quiere ver, sumiso, lejos de usted, enfermo, sumido en la miseria o definitivamente muerto. Si es alguna manía, vicio o algo de su vida, lo que quiera alejar, entonces acerque el clavo al incienso y visualice aquello que ya no desea en su vida desvanecer con el humo del incienso.

Utilice todas su energía, odio o repulsión hacia su enemigo y apriete fuertemente el clavo, con su mano izquierda mientras visualiza la destrucción de su enemigo, maldiga con sus propias palabras al objeto, cosa o persona, causante de su sufrimiento, con todo su rencor maldiga por 5 minutos. Al terminar usted se dará cuenta que se siente mas liviano emocionalmente, esto se debe a que ha descargado toda esa energía dañina en el clavo y ahora es el momento de redirigir esta energía a su enemigo.

Apague la vela con sus dedos y salga del circulo, lleve consigo el clavo, los residuos de la vela y la ceniza del incienso, siempre en la mano izquierda, diríjase a un paraje solitario fuera de su casa, busque un lugar donde haya tierra y observe en busca de una huella o pisada resiente. Cuando la encuentre arroje a la huella los residuos de la vela y la ceniza, busque una piedra y con ella entierre en el centro de la huella el clavo, mientras recita el voz alta el siguiente conjuro:

"Alejado, alejado, tu (nombre a la persona o la cosa que desea alejar) Tu estas alejado de mi vida para siempre, los espíritus del alejamiento te trasladan a otro lugar"

Una vez que haya recitado el conjuro, abandone el lugar inmediatamente y no mire hacia atrás.

# Mal De Ojo

# Materiales

Ninguno

# Operación

Este hechizo lo puede realizar cualquier día. Dirija su mirada sobre la persona que le ha causado tanto sufrimiento y mírele fijamente, "no importa que la persona no le vea" y diga en voz alta lo siguiente:

"Asmodeo, Belcebu, Sargatanas, ustedes que gobiernan sobre la ira del hombre, concédanme la fuerza para dirigir la mía, hacia la persona que estoy mirando, fiat, fiat, fiat!"

Que así sea!

Para realizar efectivamente esta operación proyecte todo su odio, mientras visualiza como de sus ojos sale rápidamente un rayo negro que hace blanco en la persona que usted tanto odia. Imagine como su enemigo rápidamente enferma, se destruye y finalmente muere, sin mas remedio.

**Nota:** Usted debe tener mucho cuidado con esta operación, ya que aunque parezca simple, en realidad tiene mucho poder y una vez hecha, no habrá vuelta atrás.

# Atormente
# A Su
# Enemigo

# Materiales

Una vela negra

Una fotografía de su enemigo

Un listón negro

# Operación

Este hechizo deberá realizarlo un día sábado a las 3:30 de la madrugada. Para comenzar tome la fotografía y átela a la vela dando varias vueltas, al terminar anude fuertemente.

Una vez hecho esto encienda la vela y visualice el mal que desea causar a su enemigo, tome su tiempo, descargue todo su odio mientras observa fijamente la vela.

Si la persona esta dormida en ese momento sentirá todos los efectos del hechizo en ese mismo instante sin importar la distancia, a esto se le conoce entre ocultistas como ataque astral, una vez satisfecho(a) con el acto, apague la vela con sus dedos y puede repetirlo unas cuantas noches mas solo prendiendo la vela a la misma hora y repitiendo el proceso de visualización, si lo hace continuamente esta persona enfermara al cabo de un tiempo gravemente.

# Pulverice
# A Su
# Enemigo

# Materiales

Un vaso de vidrio

Un papel blanco

Bolígrafo de tinta negra

Un ajo

Ceniza

Orina propia

Pimienta negra

Cerillas

# Operación

Esta operación usted la puede realizar cualquier día de la semana. Para comenzar este hechizo tome el papel en blanco y con el bolígrafo escriba el nombre completo de su enemigo, al terminar doble por la mitad y póngalo dentro del vaso.

A continuación encima del papel ponga el ajo, ponga el ajo "rallado o picado" como usted lo desee, una vez hecho esto ponga la ceniza encima del ajo, la ceniza puede ser de puro o cigarro. Una vez hecho esto ponga la pimienta y un poco de orina. Al terminar usted sacara el vaso con los ingredientes y lo dejara secar al sol por varios días, si tiene patio en su casa, observe cuales son los lugares donde pegan mas fuerte los rayos del sol y ahí ponga el vaso.

La finalidad de esto es que todos los ingredientes se sequen completamente. Una vez hecho lo anterior saque el papel y con ayuda de las cerillas, quémelo dentro del vaso, mientras dice lo siguiente:

" (nombre a su enemigo) Que con las oscuras facultades de este ajo y esta pimienta, pagues todos los males que me has hecho, que tu casa de hoy en adelante sea un escombro y que tu vida quede completamente destruida, que no tengas paz ni descanso, así es y así sera"

Sostenga el vaso con ambas manos y visualice a su enemigo totalmente destruido. Este hechizo tiene un efecto casi inmediato, usted notara como en un muy corto periodo de tiempo esta persona quedara destruida o arruinada de una u otra manera. El ultimo paso sera tomar todos los residuos ya secos de su hechizo y enterrarlos en un lugar apartado fuera de su propia casa y donde nadie pueda encontrarlos.

# Venganza
# Con Sal

# Materiales

Sal

Una hoja Negra

Una vela negra

# Operación

Un sábado por la noche, tome un puño de sal y póngalo sobre la hoja negra, encienda la vela mientras pone su mano izquierda sobre la sal y diga lo siguiente:

" Yo (tu nombre) en esta noche, invoco a los negros espíritus de la noche, para que acudan a mi desde las sombras infernales, Oh espíritus que gozan atormentando al hombre, yo (tu nombre) los conjuro para que acudan a mi!, pues es mi deseo que atormenten a (nombre a su enemigo) y hagan arder su hogar, es mi deseo vengarme por el mal que me ha hecho, tomen su cuerpo y provoquen gran dolor en el, destruyanlo por completo, acaben con el, con cadenas opriman su garganta, ahoguen su respiración, que su hogar se convierta en un nido de serpientes y que la oz de la muerte more en el, porque esta es mi voluntad, espíritus de la noche cumplan mi voluntad, pues estos son mis deseos, en el nombre del Todopoderoso, así es y así sera!"

muerte more en el, porque esta es mi voluntad, espíritus de la noche cumplan mi voluntad, pues estos son mis deseos, en el nombre del Todopoderoso, así es y así sera!"

Al terminar apague la vela y envuelva la sal en la hoja de papel, enseguida diríjase a casa de su enemigo y sin que nadie le mire arroje la sal en la puerta de entrada, vuélvase y no mire hacia atrás y espere los resultados.

# Amargue La Vida De Su Enemigo

# Materiales

Un limón

Un vaso con agua

Vinagre

Una hoja blanca

Bolígrafo de tinta negra

# Operación

Para comenzar este hechizo, escriba en el papel el nombre completo de su enemigo, una vez hecho esto corte el limón por la mitad y deje caer nueve gotas de limón sobre la hoja con el nombre, enseguida haga lo mismo pero esta vez con el vinagre.

A acto seguido diga lo siguiente:

"Con este vinagre y este limón, yo (tu nombre) desde este momento amargo tu existencia (nombra a tu enemigo) amargo tu camino y también amargo tu vida, de ahora en adelante solo una gran amargura sera tu compañera, así es y así sera"

Una vez hecho esto, tome el papel y deposítelo dentro del vaso con agua. Es importante que guarde este vaso por un lapso de 9 días, en un lugar muy seguro, sin que nadie pueda verlo o tocarlo, al paso de los 9 días, tire el agua en la calle fuera de su casa, preste atención y usted mirara como poco a poco el estado de animo de su enemigo comenzara a decaer.

# El Hechizo
# Del Café

# Materiales

Una velón negro

Un plato hondo de vidrio

Café soluble

Cerillas

Una aguja nueva

# Operación

Para comenzar este poderoso hechizo deberá agregar bastante café dentro del plato hondo, una vez hecho esto tome el velón y con ayuda de la aguja escriba el nombre completo de su enemigo, al terminar ponga el velón dentro del plato, de manera que este quede un poco enterrado en el café.

Ahora encienda el velón y visualice
en su mente a su enemigo, tal y
como usted desea verlo,
humillado, destruido, enfermo,
muerto, etc.

Ahora diga lo siguiente:

"Yo (tu nombre) por medio de las facultades oscuras de esta vela desde este momento y para siempre, te destierro a ti (nombre a su enemigo) de mi hogar, de todos mis camino y de mi vida, hasta el final de tu camino, así es y así sera"

Deje consumir la vela totalmente, los residuos de cera y café, deposítelos dentro de una pequeña bolsa plástica, estos residuos tendrá que introducirlos dentro de su congelador sin moverlos de ahí hasta que esta persona se haya alejado completamente de usted o se encuentre totalmente destruida tal y como usted lo desea.

# El Hechizo De Los 13 Clavos

# Materiales

13 Clavos

13 Pedazos de papel
en blanco

Una botella de vidrio
oscura

# Operación

Este hechizo deberá realizarlo de noche cuando la luna este en fase menguante. Para comenzar consiga 13 clavos estos no tienen que ser nuevos sino viejos, si tienen oxido mucho mejor. Tome la botella y deposite dentro de ella los 13 clavos, enseguida llene la botella con agua solo dejando un poco de espacio en la parte superior de la misma.

Una vez hecho lo anterior, escriba en cada uno de los 13 papeles el nombre de su enemigo, al terminar deposítelos uno por uno dentro de la botella, antes de introducir cada papel tómelo con su mano izquierda y visualice, un mal para su enemigo "sea creativo" tiene usted 13 oportunidades para dañar a su enemigo, al terminar de agregar todos los papeles, tape la botella con un tapón o corcho. El siguiente paso sera llevar la botella y enterrarla cerca de la casa de su enemigo, esta botella usted la enterrara boca abajo y sin dejar rastro tape el agujero y abandone el lugar rapidamente.

# Congele
# A Su
# Enemigo

# Materiales

Un frasco de vidrio

Vinagre

Una hoja blanca

Bolígrafo de tinta negra

Aceite para cocinar

Pimienta

Agua

# Operación

Este hechizo es muy efectivo para alejar a una persona indeseable de nuestras vidas, usted lo podrá realizar cualquier día de la semana. Para comenzar lo primero sera escribir en la hoja el nombre completo de su enemigo, doble la hoja por la mitad y enseguida introduzca el papel dentro del frasco, lo siguiente sera agregar un puño de sal y un poco de vinagre.

Una vez hecho lo anterior, ponga su mano izquierda sobre el frasco y visualice como esta persona se aleja de su vida para siempre, no importa la forma solo visualice como se marcha para nunca regresar, lo que tenga que pasar para que esta persona se vaya no tendrá nada que ver con usted, visualice!. Al terminar retire su mano y agregue ahora un poco de aceite al frasco y enseguida agregue el agua, tendría que quedarle de esta manera.

Lo siguiente sera agregar bastante pimienta y tapar el frasco, para terminar introduzca el frasco en su congelador y no lo saque de ahí hasta que esta persona se haya retirado definitivamente de su vida.

# Enferme A Su Enemigo

# Materiales

Un frasco de vidrio

Vinagre

Una fotografía de su enemigo

Tierra de un cementerio

Pimienta negra

2 limones

9 velas negras

Un huevo podrido

# Operación

Este hechizo es uno de los mas poderosos utilizado para enfermar y debilitar a una persona. En un día sábado justo a las 3:30 de la madrugada, tome el frasco y deposite dentro de el un gran puño de tierra de cementerio, dentro de esta tierra entierre la fotografía de su enemigo de manera que esta quede oculta.

Mientras usted realiza esto en su mente visualice a su enemigo enfermo y totalmente destruido, deposite todo el odio que usted siente por esta persona en este frasco, mientras dice lo siguiente:

"Oh gran espíritu de enfermedad, tu que azotas al soberbio y al injusto, hoy en este día y a esta hora, yo te invoco para que enfermes a (nombre a su enemigo) no le dejes sanar, oblígalo(a) a arrastrase de dolor y que tu poder more oculto en este hechizo, que así sea"

Enseguida corte 2 limones por la mitad e introduzca dentro del frasco, ahora rompa el huevo y vacié todo su contenido dentro del frasco, "use una mascarilla para evitar los malos olores".

"Oh gran espíritu de enfermedad, que tu gran poder descienda sobre este hechizo, para que así enferme gravemente (nombre a su enemigo), que así sea"

Una vez hecho lo anterior deposite una gran cantidad de pimienta dentro del frasco y un poco de vinagre. Al terminar cierre la tapa y apriétela muy bien, ahora encima de la tapa ponga la vela negra y enciéndala.

Esta vela debe estar encendida por un lapso de 9 días, una vela por día al terminar el lapso de tiempo, diríjase al lugar exacto en el cementerio de donde usted sustrajo la tierra, pues ahí enterrara el frasco, sin que nadie le mire. Si usted ha hecho al pie de la letra el hechizo, al cabo de muy poco tiempo empezara a observar como esta persona enfermara y poco a poco, su vida se consumirá, sea paciente y preste atención.

# Crucifique A Su Enemigo

# Materiales

Una hoja blanca tamaño carta

Un marcador permanente
color negro

Una regla

# Operación

Este hechizo usted lo puede realizar cualquier día de la semana. Y para comenzar este poderoso hechizo usted dibujara una cruz con ayuda del marcador y la regla, que abarque casi toda la hoja, quedaría de esta manera.

Una vez hecha la cruz, en el centro escriba el nombre completo de su enemigo y el parentesco, si usted sabe la fecha de nacimiento, también póngala, sino no hay ningún problema.

Al terminar, en el lado vertical de la cruz escriba todo lo que usted le desea a su enemigo: fracaso, enfermedad, ruina, desgracias, etc.

El ultimo paso de su hechizo sera poner esta hoja con la cruz debajo de un mueble que pese considerablemente, entre mas pese el mueble mucho mejor. Dentro de muy poco tiempo usted obtendrá los resultados deseados, si por alguna razón usted desea revocar este daño, solo saque la hoja de ese lugar y puede romperla.

# El Hechizo De La Vela Negra

# Materiales

Un trozo de hoja blanca

Bolígrafo de tinta negra

13 Agujas simples
o con cabeza negra

# Operación

Este hechizo tendrá que realizarlo un día sábado a las 3:30 de la mañana. Lo primero sera escribir en el papel el nombre completo de su enemigo, una vez escrito, tome la vela y consagre de esta manera.

Tómela con su mano izquierda y en voz alta diga lo siguiente:

"Esta vela representa el cuerpo de (nombre a su enemigo) a este cuerpo y a esta mente, yo domino desde hoy"

Con ayuda de la aguja clave el papel con el nombre, mientras dice:

"Yo (tu nombre) te deseo que seas objeto de las peores desgracias y que tu vida sea asediada por el mal desde este día"

Clave las agujas restantes.

Si tu (nombre a su enemigo) quieres liberarte de esta maldición aléjate muy lejos de este lugar, así es y así sera!

Una vez hecho esto, encienda la vela y deje consumir, los restos guárdelos en una bolsa y entierrelos en un lugar apartado de su casa, sin que nadie le vea. Espere y en un lapso corto de tiempo observara los resultados.

# Alfabetos Mágicos

Queridos lectores, muchas veces en las ciencias ocultas existen rituales o hechizos muy especiales, donde se requiere el uso de un alfabeto mágico, esto con la finalidad de que si su hechizo llegase a caer en manos ajenas, no se entienda lo que usted ha escrito en su hechizo, de esta manera se evita que se disipe parte de la energía con la que usted cargo su trabajo. Existen infinidad de alfabetos mágicos algunos mas poderosos que otros y esto se debe a que los brujos a lo largo del tiempo les han transmitido mas de su poder personal. Hoy en día estos alfabetos se siguen utilizando por wiccanos o brujos modernos, yo les aportare uno de los mas poderosos, esto con el fin de que se familiaricen con el y agreguen a sus hechizos un poco mas de energía, ya que no les caería nada mal en sus trabajos, si usted quiere utilizarlo puede hacerlo sin dudarlo. Yo soy Max Ivanova y deseo que sus deseos sean una realidad absoluta!

A    H    O    V

B    I    P    W

C    J    Q    X

D    K    R    Y

E    L    S    Z

F    M    T

G    N    U

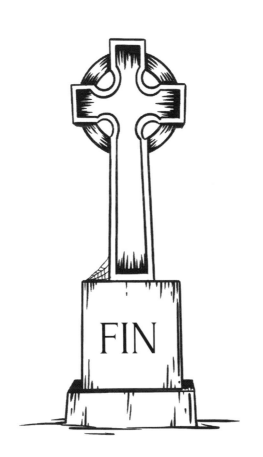

Made in the USA
Columbia, SC
20 July 2024

39033131R00050